Impressum
Verlag: BABADADA GmbH, Nedderfeld 112 , 22529 Hamburg
Geschäftsführer / Verlagsleitung: Harald Hof
Druck: Books on Demand GmbH, In de Tarpen 42, 22848 Norderstedt

Imprint
Publisher: BABADADA GmbH, Nedderfeld 112 , 22529 Hamburg, Germany
Managing Director / Publishing direction: Harald Hof
Print: Books on Demand GmbH, In de Tarpen 42, 22848 Norderstedt, Germany

мактаб

школа

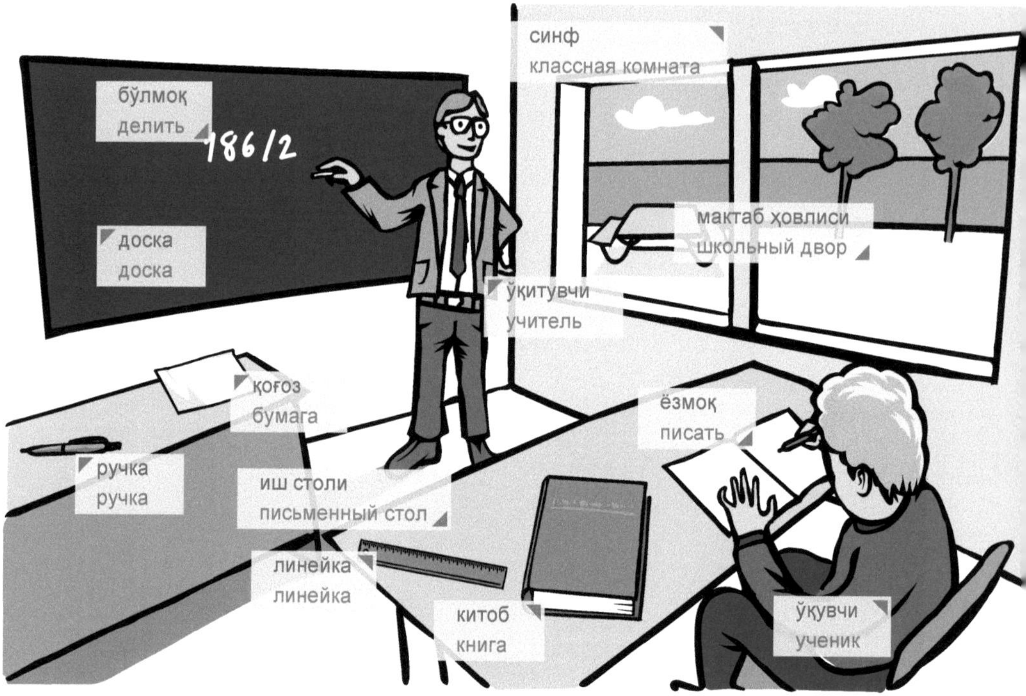
синф
классная комната
бўлмоқ
делить
186/2
доска
доска
мактаб ҳовлиси
школьный двор
ўқитувчи
учитель
қоғоз
бумага
ёзмоқ
писать
ручка
ручка
иш столи
письменный стол
линейка
линейка
китоб
книга
ўқувчи
ученик

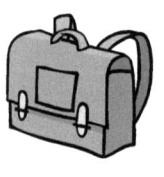

осма сумка

ранец

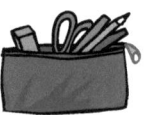

қаламдон

пенал

қалам

карандаш

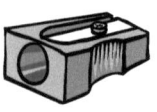

қалам учлагич

точилка

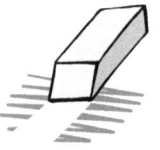

ўчиргич

ластик

расм албоми

альбом для рисования

чизмачилик
....
рисунок

бўёқ чўтка
....
кисточка

бўёқдон
....
коробка красок

қайчи
....
ножницы

елим
....
клей

машғулот дафтари
....
тетрадь

уй иши
....
домашняя работа

12

рақам
....
цифра

2+2

қўшмоқ
....
прибавлять

5-2

айирмоқ
....
вычитать

2×2

кўпайтирмоқ
....
умножать

ҳисобламоқ
....
считать

A

хат
....
буква

ABCDEFG
HIJKLMN
OPQRSTU
VWXYZ

алифбо
....
алфавит

сўз
....
слово

матн

текст

ўқимоқ

читать

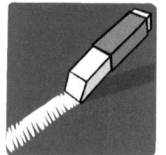

бўр

мел

дарс

урок

журнал

классный журнал

имтиҳон

экзамен

гувоҳнома

диплом

мактаб формаси

школьная форма

таълим

образование

қомус

энциклопедия

олийгоҳ

университет

микроскоп

микроскоп

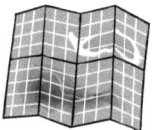

харита

карта

урна

корзина для бумаг

саёҳат

путешествие

меҳмонхона
гостиница
сайёҳлар ётоқхонаси
турбаза
пул айирбошлаш шаҳобчаси
пункт обмена валюты
чемодан
чемодан
машина
автомобиль
Grand
ROOMS
EXCHANGE

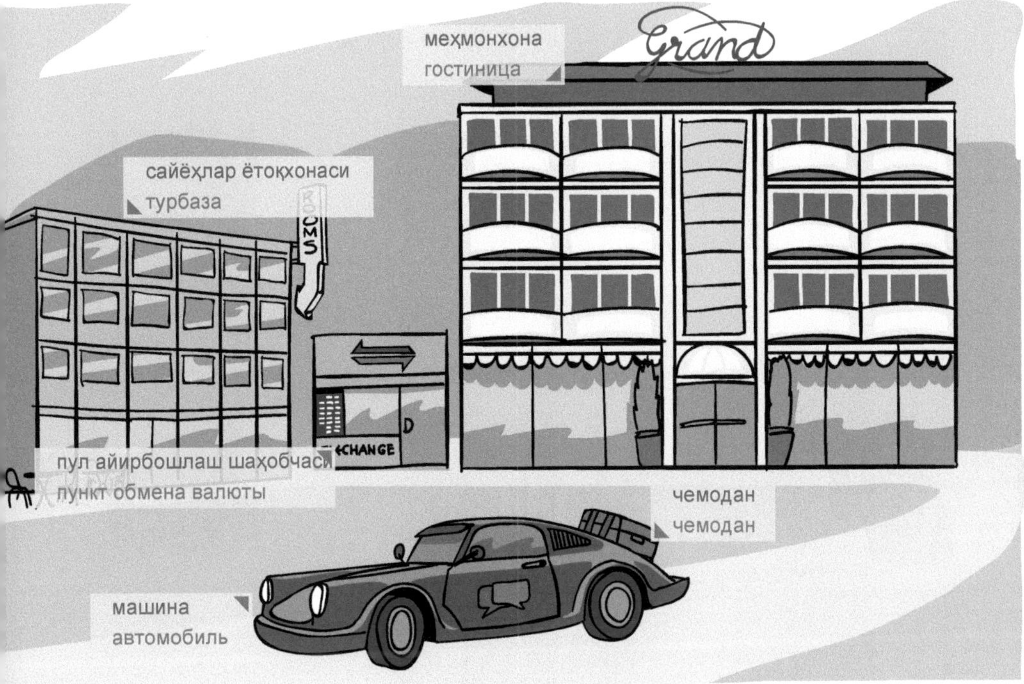

тил

язык

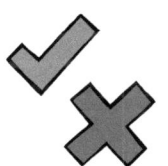

ҳа / йўқ

да / нет

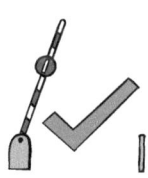

Хўп

хорошо

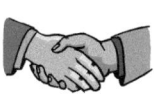

салом

Привет

таржимон

переводчик

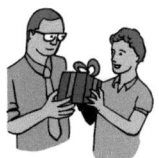

Раҳмат

Спасибо

неча пул...?

Сколько стоит...?

Тушунмадим

Я не понимаю

муаммо

проблема

Хайрли кеч!

Добрый вечер!

Хайрли тонг!

Доброе утро!

Хайрли тун!

Доброй ночи!

кўришгунча

До свидания

йўналиш

направление

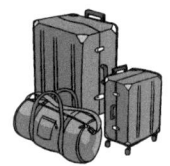

йўловчи юки

багаж

сафархалта

сумка

юк халта

рюкзак

меҳмон

гость

хона

комната

уйқукоп

спальный мешок

чодир

палатка

саёҳат - путешествие

саёҳларга маълумот
бериш столи
....
туристическая
информация

пляж
....
пляж

омонат карта
....
кредитная карточка

нонушта
....
завтрак

нонушта
....
обед

кечки овқат
....
ужин

чипта
....
билет

лифт
....
лифт

марка
....
почтовая марка

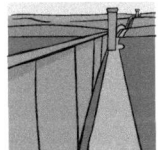

чегара
....
граница

божхона
....
таможня

элчихона
....
посольство

виза
....
виза

паспорт
....
паспорт

транспорт

транспорт

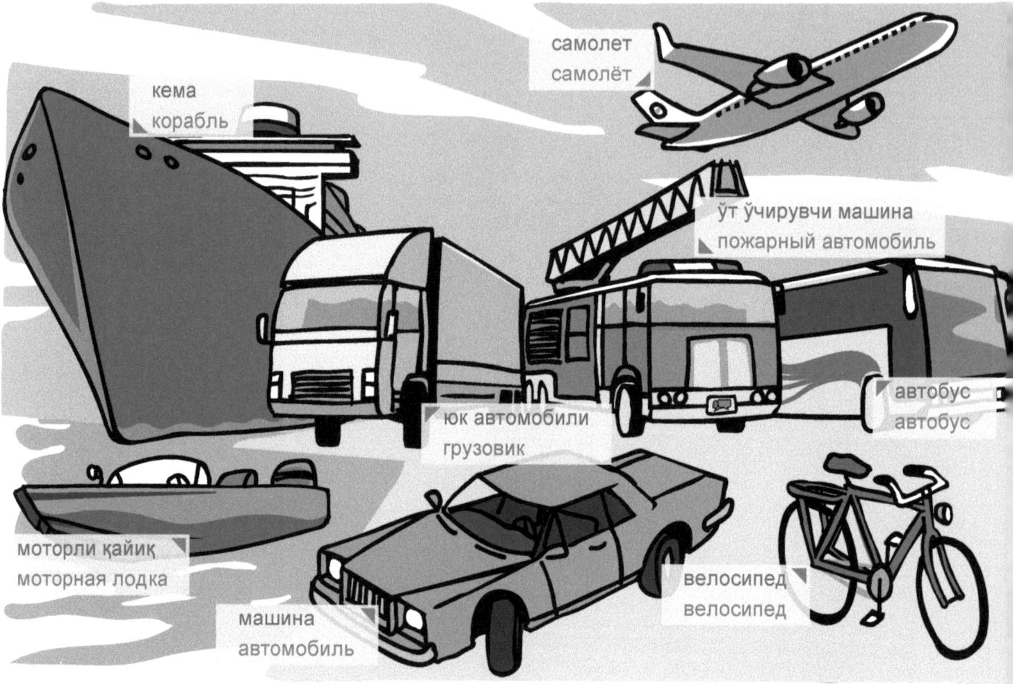

самолет
самолёт
кема
корабль
ўт ўчирувчи машина
пожарный автомобиль
автобус
автобус
юк автомобили
грузовик
моторли қайиқ
моторная лодка
велосипед
велосипед
машина
автомобиль

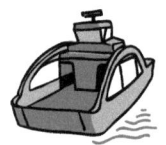

солсимон ясси кема

паром

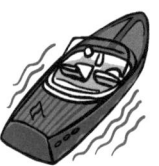

қайиқ

лодка

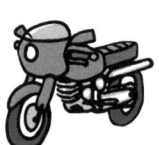

мотоцикл

мотоцикл

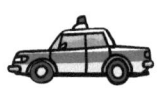

посбон машинаси

полицейский автомобиль

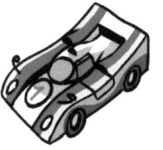

пойга машинаси

гоночный автомобиль

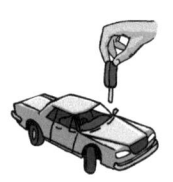

ижарага олинган автоулов

арендованный автомобиль

автоижара

совместное пользование
автомобилями

шатакка олувчи юк
автомобили

буксировочный
автомобиль

ахлат машинаси

мусоровоз

мотор

двигатель

ёқилғи

топливо

ёқилғи қуйиш шаҳобчаси

заправка

йўл белгиси

дорожный знак

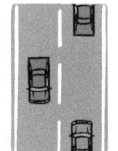

йўл ҳаракати

движение

тирбанд

пробка

автомобил тўхтаб туриш
жойи

автостоянка

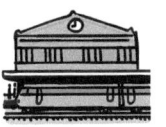

поезд бекати

вокзал

рельс

рельсы

поезд

поезд

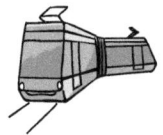

трамвай

трамвай

вагон

вагон

вертолёт

вертолёт

аэропорт

аэропорт

минора

вышка

йўловчи

пассажир

контейнер

контейнер

қоғоз қути

коробка

аравача

тележка

сават

корзина

учмоқ / қўнмоқ

взлетать / приземляться

шаҳар

город

қишлоқ

деревня

шаҳар маркази

центр города

уй

дом

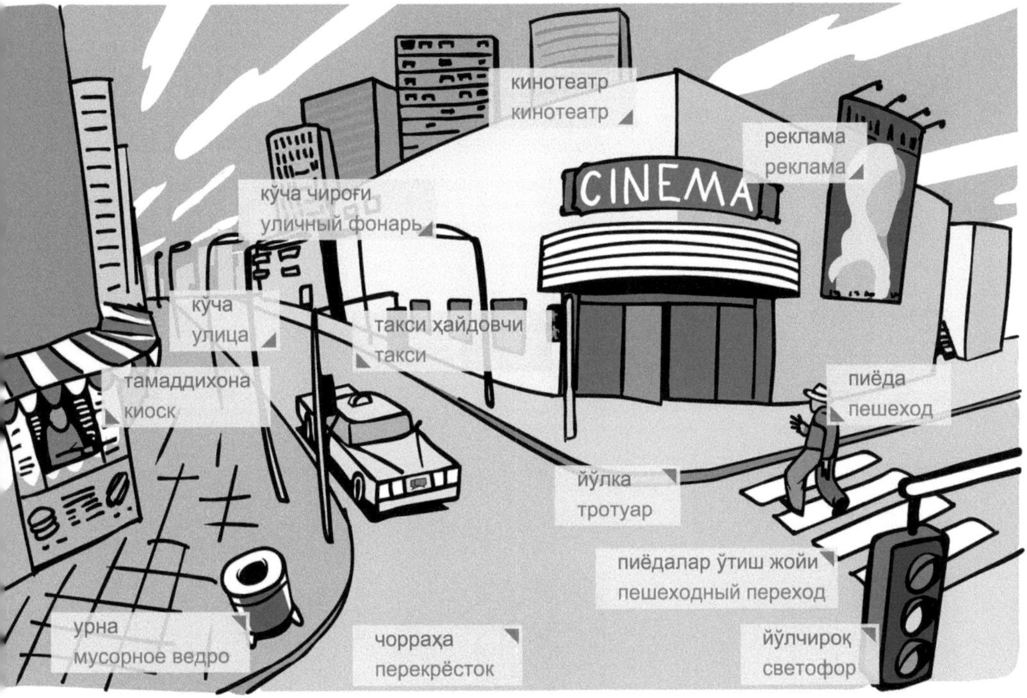

кинотеатр
кинотеатр

реклама
реклама

кўча чироғи
уличный фонарь

кўча
улица

такси ҳайдовчи
такси

тамаддихона
киоск

пиёда
пешеход

йўлка
тротуар

пиёдалар ўтиш жойи
пешеходный переход

урна
мусорное ведро

чорраҳа
перекрёсток

йўлчироқ
светофор

кулба

хижина

квартира

квартира

поезд бекати

вокзал

маҳаллий ҳокимият
биноси
ратуша

музей

музей

мактаб

школа

олийгоҳ

университет

банк

банк

шифохона

больница

меҳмонхона

гостиница

дорихона

аптека

идора

офис

китоб дўкони

книжный магазин

дўкон

магазин

гул дўкони

цветочный магазин

супермаркет

супермаркет

бозор

рынок

универмаг

универмаг

балиқ дўкони

торговец рыбой

савдо маркази

торговый центр

бандаргоҳ

порт

шаҳар - город

истироҳат боғи

парк

банк

скамейка

кўприк

мост

зинапоя

лестница

метро

метро

ер ости йўли

тоннель

автобус бекати

автобусная остановка

бар

бар

ресторан

ресторан

почта қутиси

почтовый ящик

кўча ёзув осма тахтаси

табличка с названием
улицы

тўхтаб туриш вақтини
ҳисоблагич

паркометр

ҳайвонот боғи

зоопарк

бассейн

бассейн

масжид

мечеть

чорвачилик хўжалиги

ферма

атроф-муҳит
ифлосланиши
загрязнение окружающей
среды

қабристон

кладбище

ибодатхона

церковь

болалар ўйингоҳи

детская площадка

эҳром

храм

манзара

ландшафт

япроқ
лист

йўлкўрсатгич
дорожный указатель

йўл
дорога

ўтлоқ
луг

тош
камень

дарахт
дерево

пиёда сайёҳ
путешественник

дарё
река

майса
трава

гул
цветок

водий
долина

қир
гора

кўл
озеро

ўрмон
лес

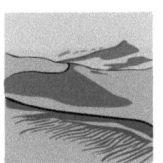

чўл
пустыня

вулкан
вулкан

қалъа
замок

камалак
радуга

қўзиқорин
гриб

пальма дарахти
пальма

пашша
комар

чивин
муха

чумоли
муравей

асалари
пчела

ўргимчак
паук

қўнғиз

жук

қурбақа

лягушка

олмахон

белка

типратикон

еж

қуён

заяц

укки

сова

қуш

птица

оққуш

лебедь

эркак чўчқа

кабан

буғу

олень

бутоқ шоҳли кийик

лось

тўғон

плотина

шамол генератори

ветряной генератор

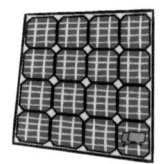

қуёш батареяси

солнечная батарея

иқлим

климат

ресторан

ресторан

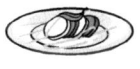

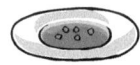

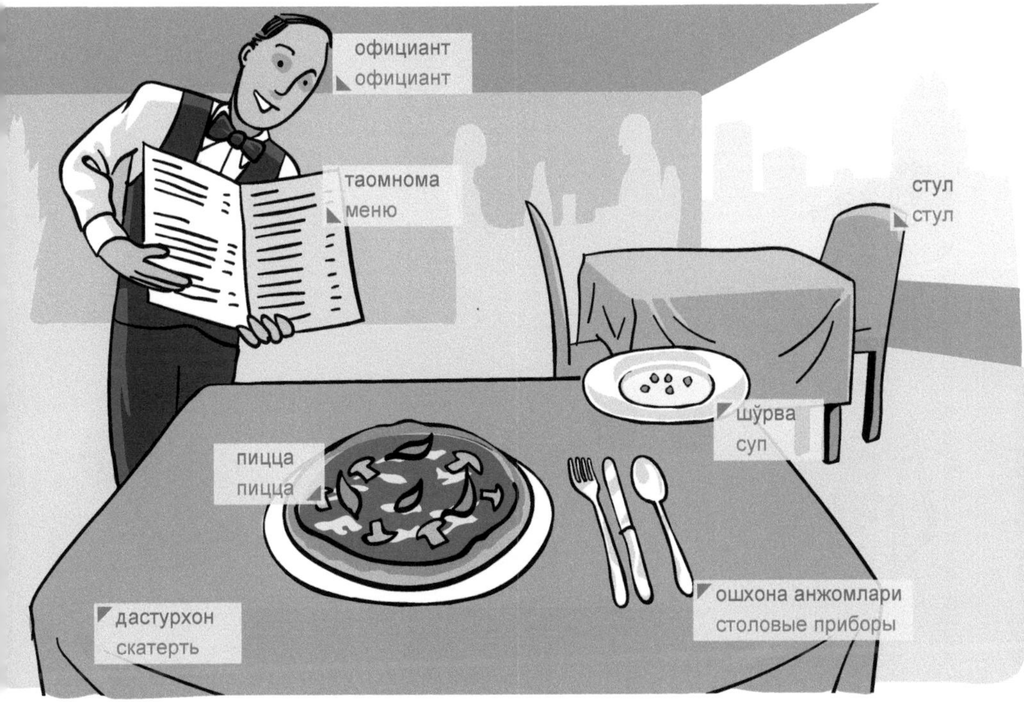

официант
официант
таомнома
меню
стул
стул
шўрва
суп
пицца
пицца
ошхона анжомлари
столовые приборы
дастурхон
скатерть

газак

закуска

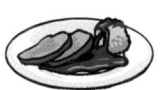

асосий таом

главное блюдо

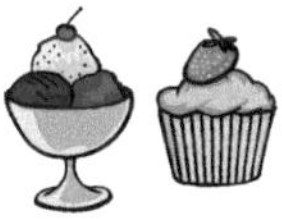

десерт

десерт

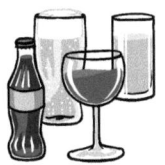

ичимликлар

напитки

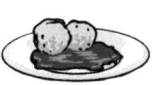

таом

еда

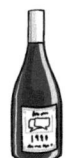

бутилка

бутылка

тез пишар таом

фастфуд

кўча таоми

уличная еда

чойнак

чайник

шакардон

сахарница

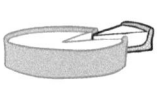

порция

порция

эспрессо кофе машинаси

кофеварка

болалар курсичаси

детский стульчик

ҳисоб

счет

лаган

поднос

пичоқ

нож

санчқи

вилка

қошиқ

ложка

чой қошиқ

чайная ложка

кўл сочиқ

салфетка

стакан

стакан

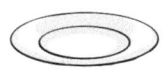

ликоп
....
тарелка

шӯрва коса
....
суповая тарелка

тақсимча
....
блюдце

қайла
....
соус

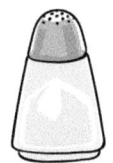

туздон
....
солонка

қалампир янчгич
....
мельница для перца

сирка
....
уксус

ёғ
....
масло

зираворлар
....
специи

кетчуп
....
кетчуп

хантал
....
горчица

майонез
....
майонез

супермаркет

супермаркет

FOR
чегирма
специальное предложение
мижоз
покупатель
сут маҳсулотлари
молочные продукты
мева
фрукты
харид араваси
тележка для покупок

BUTCHERS

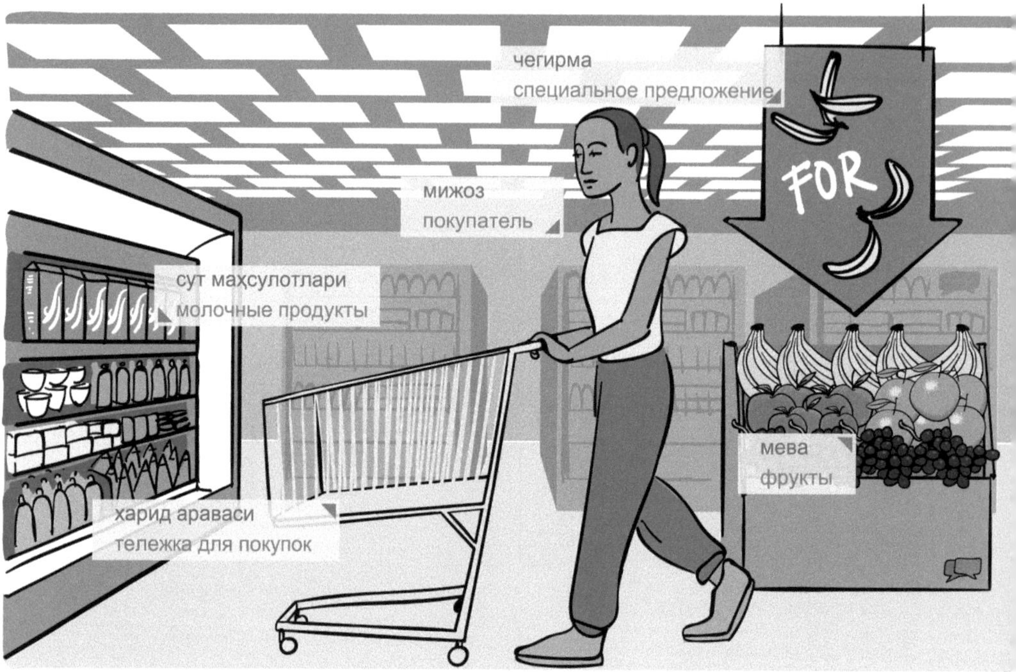

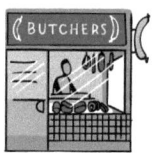

қассобхона

мясной магазин

BAKERY

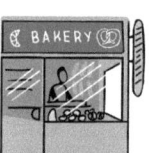

нонвойхона

пекарня

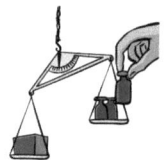

тарозида ўлчамоқ

взвешивать

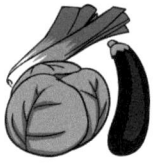

сабзавот

овощи

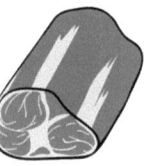

гўшт

мясо

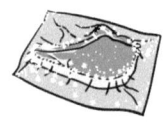

музлатилган таомлар

быстрозамороженные продукты

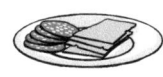

яхна гўшт
....
нарезка

консерва
....
консервы

кир ювиш воситаси
....
стиральный порошок

ширинликлар
....
сладости

кундалик истеъмол моллар
....
предмет домашнего обихода

ювиш воситалари
....
моющее средство

сотувчи
....
продавщица

касса аппарати
....
касса

ғазначи
....
кассир

харид рўйхати
....
список покупок

иш вақти
....
время работы

ҳамён
....
бумажник

омонат карта
....
кредитная карточка

халта
....
сумка

целлофан халта
....
полиэтиленовый пакет

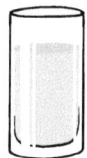

сув

вода

шарбат

сок

сут

молоко

кока-кола

кока-кола

вино

вино

пиво

пиво

спиртли ичимлик

алкоголь

какао

какао

чой

чай

кофе

кофе

эспрессо

эспрессо

капучино

капучино

банан

банан

олмахон

яблоко

апельсин

апельсин

қовун

арбуз

лимон

лимон

сабзи

морковь

саримсоқ

чеснок

бамбук

бамбук

пиёз

лук

қўзиқорин

гриб

ёнғоқ

орехи

лағмон

лапша

спагетти

спагетти

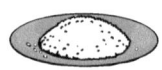

гуруч

рис

салат

салат

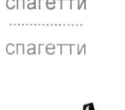

картошка-фри

картофель фри

қовурилган картошка

жареный картофель

пицца

пицца

гамбургер

гамбургер

сэндвич

сэндвич

тўқмоқланган тўш қиймаси

шницель

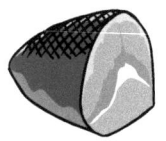

дудланган чўчқа гўшти

ветчина

салями колбасаси

салями

сосиска

колбаса

товуқ гўшти

курица

қовурилган

жаркое

балиқ

рыба

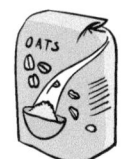

сули бўтқаси

овсяные хлопья

мюсли

мюсли

маккажўхори ёрмаси

кукурузные хлопья

ун

мука

француз булочкаси

круассан

булочка

булочка

нон

хлеб

қизартирилган нон бўлаги

тост

пиширik

печенье

сариёғ

масло

творог

творог

пирог

пирог

тухум

яйцо

қовурилган тухум

яичница

пишлоқ

сыр

музқаймоқ

мороженое

шакар

сахар

асал

мёд

мураббо

мармелад

шоколад пастаси

крем с нугой

зарчава

карри

чорвачилик хўжалиги

ферма

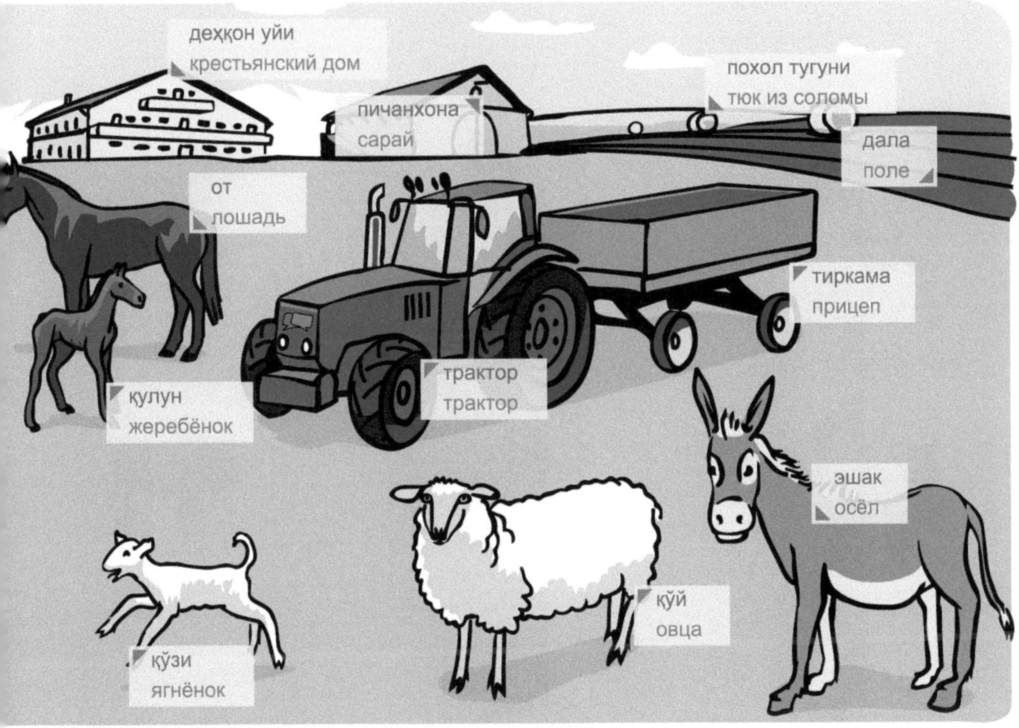
деҳқон уйи
крестьянский дом
похол тугуни
тюк из соломы
пичанхона
сарай
дала
поле
от
лошадь
тиркама
прицеп
трактор
трактор
қулун
жеребёнок
эшак
осёл
қўй
овца
қўзи
ягнёнок

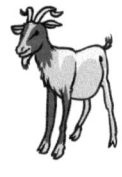

эчки
коза

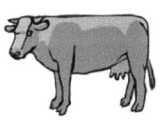

сигир
корова

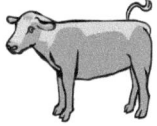

бузоқ
телёнок

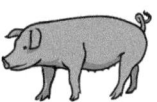

чўчқа
свинья

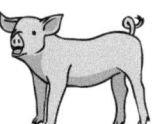

чўчқа боласи
поросёнок

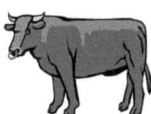

буқа
бык

ғоз
гусь

ўрдак
утка

жўжа
цыплёнок

товуқ
курица

хўроз
петух

каламуш
крыса

мушук
кошка

сичқон
мышь

ҳўкиз
вол

ит
собака

каталак
конура

ҳовли боғ шланги
садовый шланг

гулчелак
лейка

белўроқ
коса

темир омоч
плуг

қўлўроқ
серп

чопқи
мотыга

паншаха
навозные вилы

болта
топор

ғалтакарава
тачка

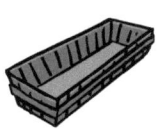

охур
корыто

сут бидони
бидон для молока

тўрва
мешок

панжара
забор

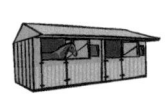

оғилхона
хлев

иссиқхона
теплица

тупроқ
почва

уруғ
посев

ўғит
удобрение

комбайн
комбайн

ҳосил олмоқ

собирать урожай

йиғим-терим

урожай

ямс

ямс

буғдой

пшеница

соя

соя

картошка

картофель

маккажўхори

кукуруза

рапс уруғи

рапс

мевали дарахт

фруктовое дерево

маниок

маниок

ёрма

злаки

мӯри
дымоход

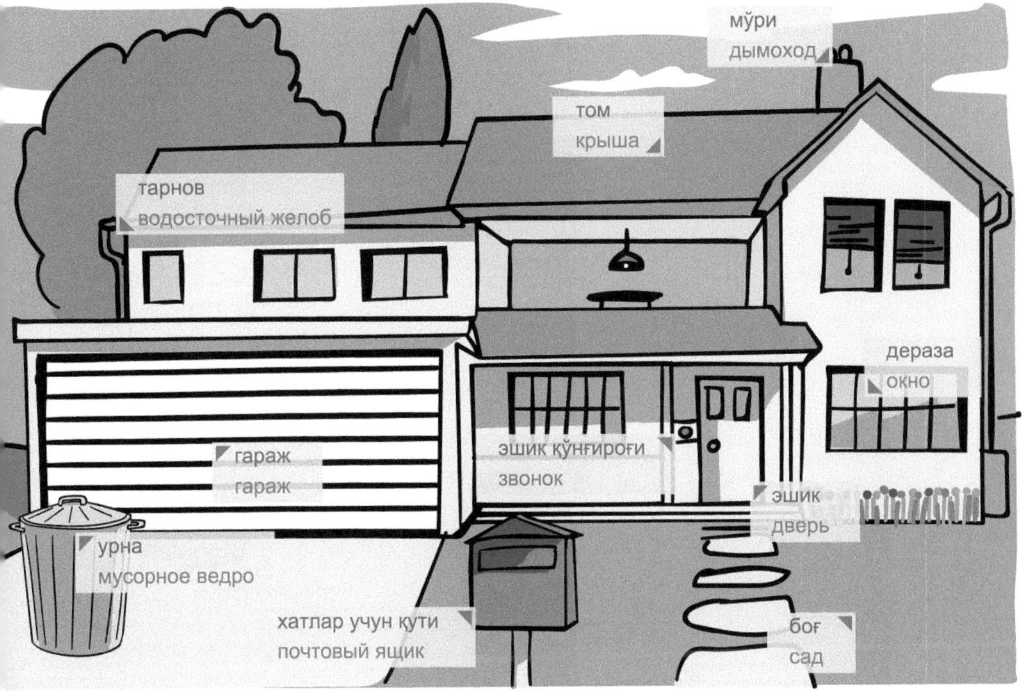

том
крыша

тарнов
водосточный желоб

дераза
окно

гараж
гараж

эшик қӯнғироғи
звонок

эшик
дверь

урна
мусорное ведро

хатлар учун кути
почтовый ящик

боғ
сад

мехмонхона

гостиная

ваннахона

ванная комната

ошхона

кухня

ётоқхона

спальня

болалар хонаси

детская комната

ошхона

столовая

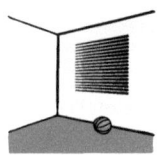

пол
....
пол

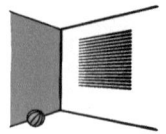

девор
....
стена

шип
....
потолок

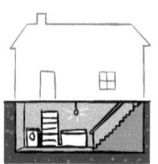

подвал
....
подвал

сауна
....
сауна

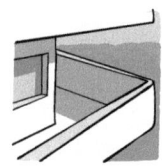

болохона айвони
....
балкон

айвон
....
терраса

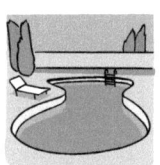

бассейн
....
бассейн

ўт ўргич машина
....
газонокосилка

кўрпажилд
....
пододеяльник

чойшаб
....
покрывало

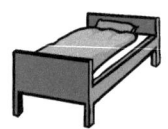

кроват
....
кровать

супурги
....
метла

пақир
....
ведро

мурват
....
выключатель

меҳмонхона

гостиная

гулқоғоз
обои
сурат
рисунок
чироқ
лампа
токча
полка
жавон
шкаф
телевизор
телевизор
ўчоқ
камин
гул
цветок
ёстиқ
подушка
диван
диван
гулдон
ваза
масофадан бошқариш пульти
пульт дистанционного управления

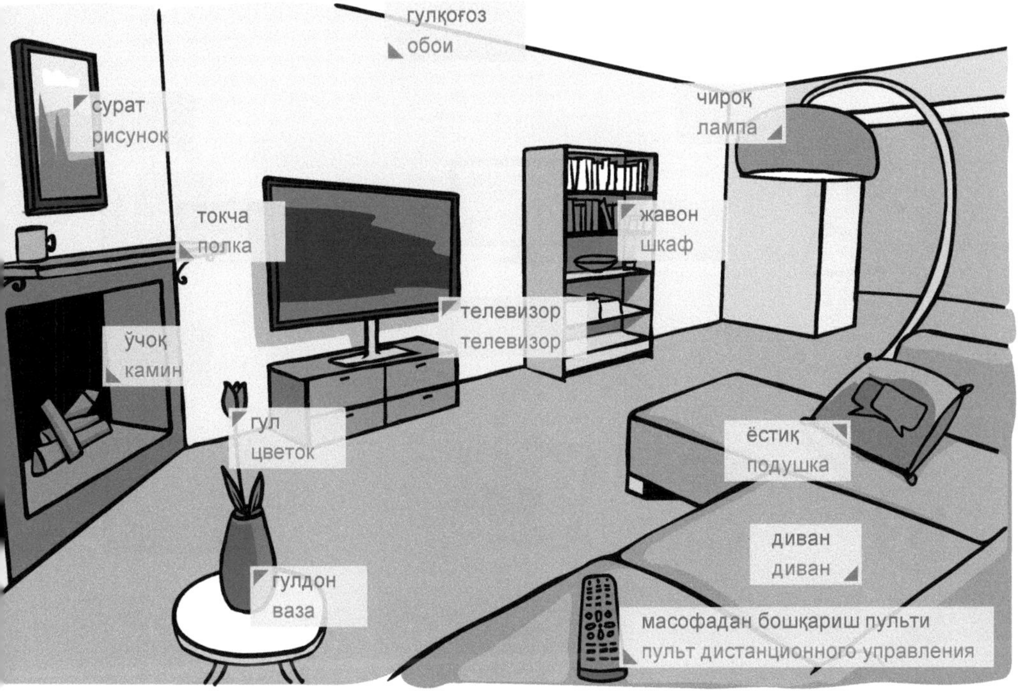

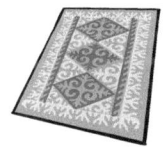

гилам

ковёр

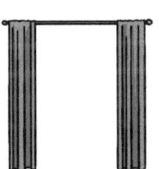

парда

штора

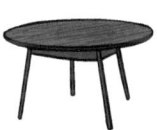

стол

стол

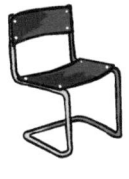

стул

стул

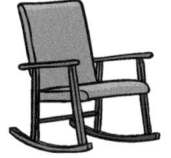

тебранма курси

кресло-качалка

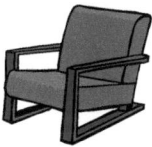

кресло

кресло

китоб

книга

кўрпа

покрывало

ҳашам

украшение

ўтин

дрова

кино

фильм

стерео қурилма

стереосистема

калит

ключ

рўзнома

газета

расм

картина

плакат

плакат

радио

радио

ён дафтар

блокнот

чанг ютгич

пылесос

кактус

кактус

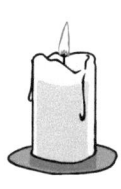

шам

свеча

ошхона
кухня

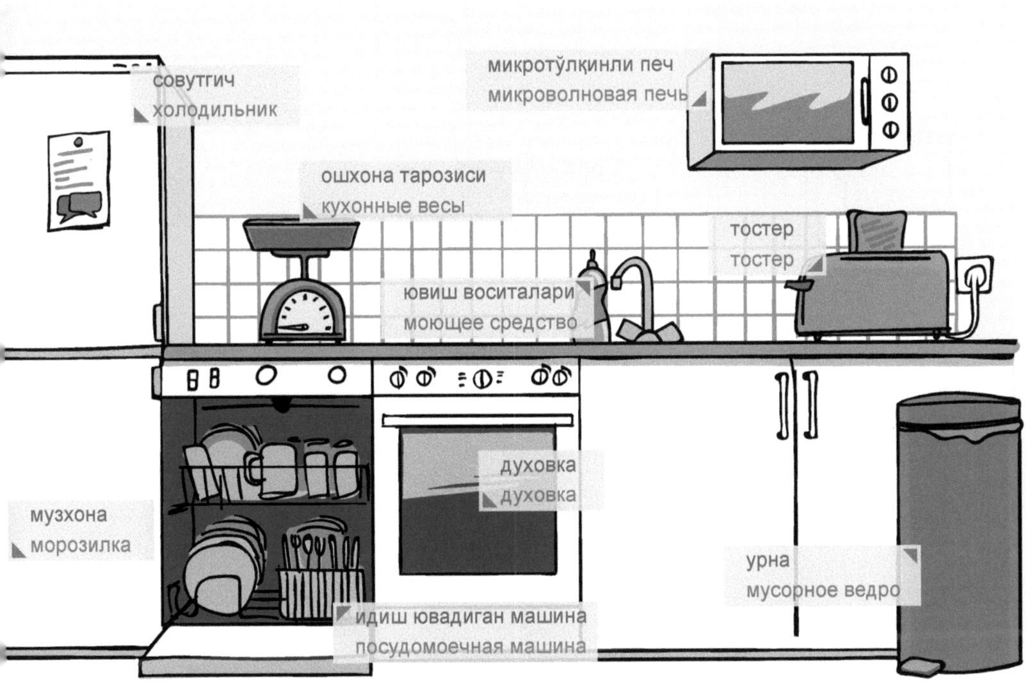

совутгич
холодильник
микротўлқинли печ
микроволновая печь
ошхона тарозиси
кухонные весы
тостер
тостер
ювиш воситалари
моющее средство
духовка
духовка
музхона
морозилка
урна
мусорное ведро
идиш ювадиган машина
посудомоечная машина

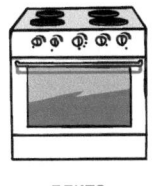

плита

плита

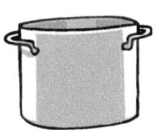

кастрюль

кастрюля

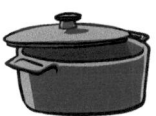

чўян қозон

чугунный котелок

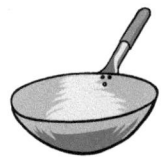

бўртма тубли това

вок / кадай

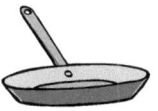

това

сковорода

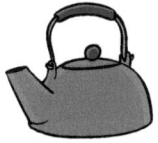

човгун

чайник

мантиқасқон

пароварка

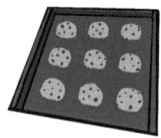

тунука това

противень

идиш

посуда

кружка

кружка

коса

миска

таом ейиш таёқчалари

палочки для еды

чўмич

половник

куракча

лопатка

кўпиртиргич

сбивалка

элак

сито

элак

сито

қирғич

тёрка

ҳовонча

ступка

гриль

гриль

олов

костёр

оштахта
доска

жува
скалка

пармасимон тиқин очгич
штопор

консерва
жестяная банка

консерва очгич
консервный нож

тутгич
прихватка

унитаз
раковина

идиш чўтка
щетка

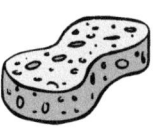

қозонсочиқ
губка

қориштиргич
миксер

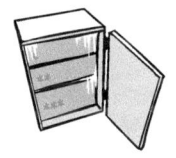

музлатгич
морозильная камера

сўрғичли чақалоқ
бутилкаси
бутылочка для кормления

кран
кран

ваннахона

ванная комната

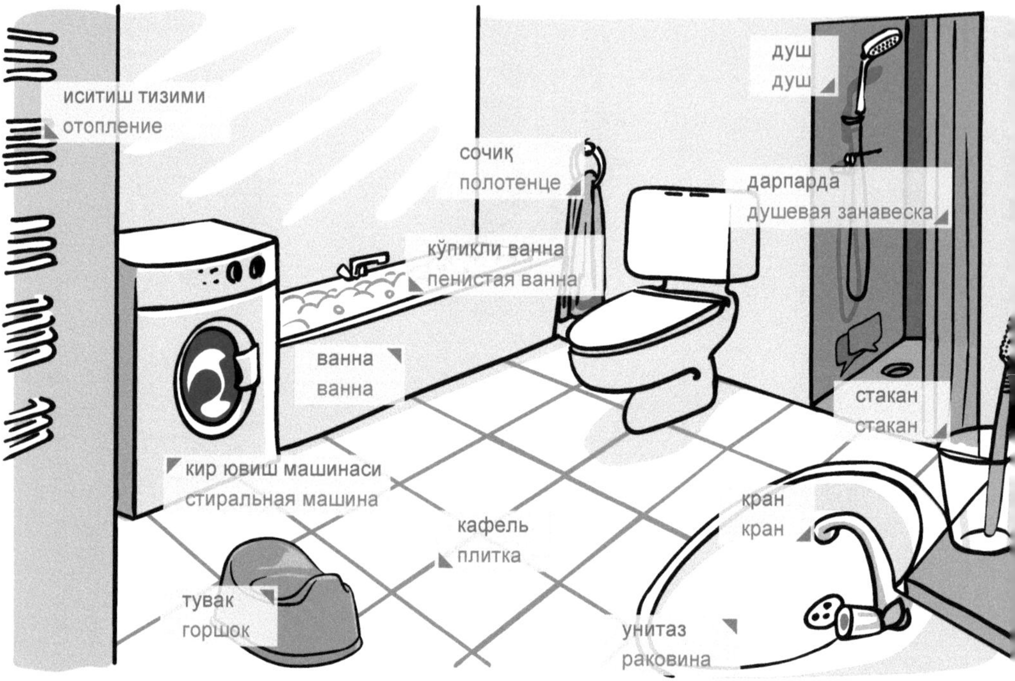

душ
душ
иситиш тизими
отопление
сочиқ
полотенце
дарпарда
душевая занавеска
кўпикли ванна
пенистая ванна
ванна
ванна
стакан
стакан
кир ювиш машинаси
стиральная машина
кран
кран
кафель
плитка
тувак
горшок
унитаз
раковина

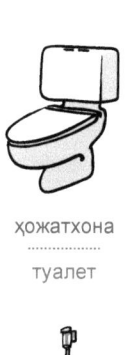

ҳожатхона

туалет

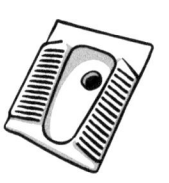

полга ўрнатиладиган унитаз

напольный унитаз

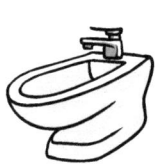

таҳоратдон

биде

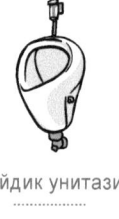

сийдик унитази

писсуар

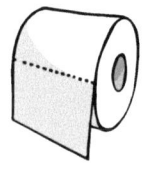

ҳожатхона қоғози

туалетная бумага

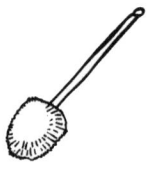

ҳожатхона чўткаси

ершик

тиш чўтка

зубная щетка

тиш пастаси

зубная паста

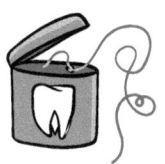

тиш тозалагич ип

зубная нить

ювмоқ

мыть

дастакли душ

ручной душ

таҳорат учун душ

интимный душ

тоғора

таз

елка қашлайдиган чўтка

щетка для спины

совун

мыло

душ учун гель

гель для душа

шампунь

шампунь

мочалка

мочалка

қувур

сток

крем

крем

дезодарант

дезодорант

кўзгу

зеркало

қўл кўзгуси

ручное зеркало

устара

бритва

устара учун кўпик

пена для бритья

салқинлантирувчи
бальзам
лосьон после бритья

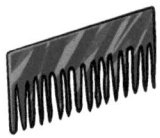

тароқ

расческа

чўтка

щетка

фен

фен

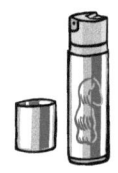

соч учун лак

лак для волос

пардоз-андоз

косметика

лаб учун помада

губная помада

тирноқ лаки

лак для ногтей

пахта

вата

тирноқ қайчиси

маникюрные ножницы

духи

духи

пардоз-андоз халтаси

косметичка

курси

табуретка

тарози

весы

чўмилиш халати

халат

резина қўлқоп

резиновые перчатки

тампон

тампон

гигиеник таглик

гигиеническая прокладка

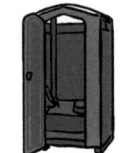

биоҳожатхона

биотуалет

болалар хонаси

детская комната

бонг соат
будильник
юмшоқ ўйинчоқ
мягкая игрушка
ўйинчоқ машина
игрушечный автомобиль
шақилдоқ
погремушка
қўғирчоқ уй
кукольный домик
совға
подарок

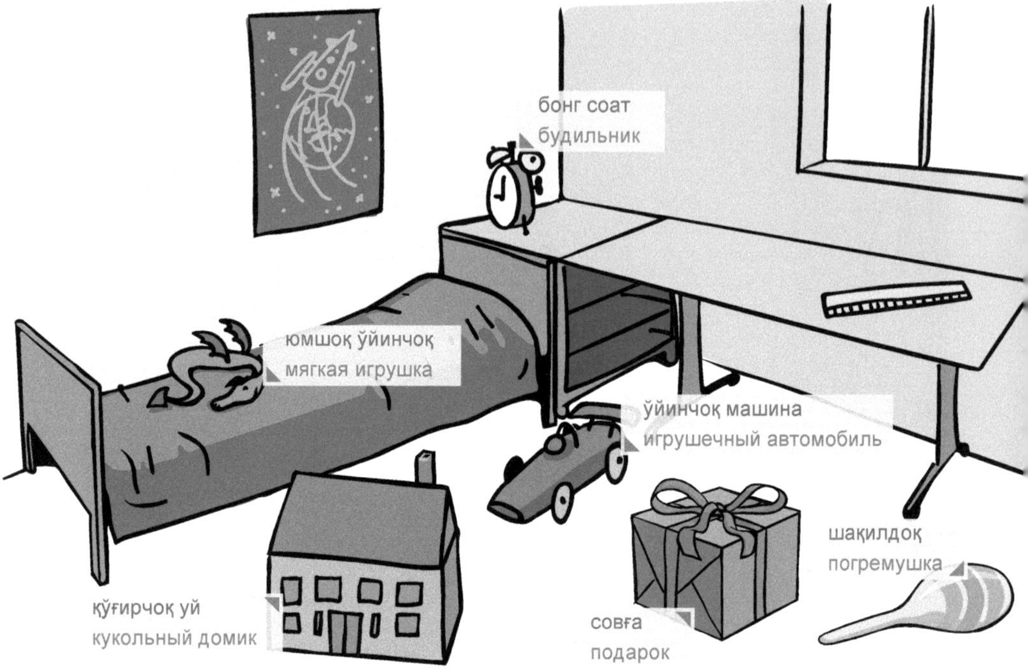

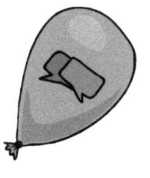

шар

воздушный шар

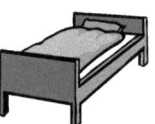

кроват

кровать

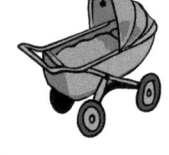

болалар аравачаси

детская коляска

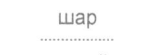

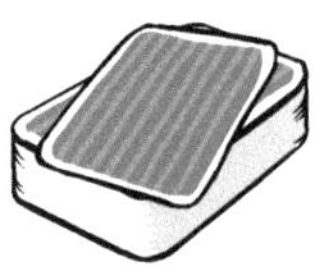

карта тўплами

карточная игра

терма тасвир

пазл

SUPER MEGA

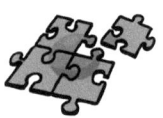

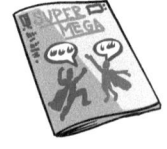

кулгили саҳна асари

комикс

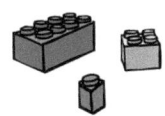

лего ғиштлари

кирпичики Лего

ўйинчоқ кубиклар

кубики

ўйинчоқ қаҳрамон

игрушечная фигурка

ползунка

ползунки

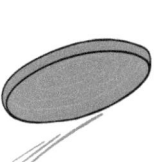

учар ликопча

фрисби

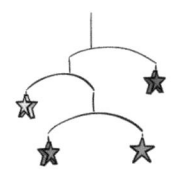

осма шақилдоқ

мобиле

стол ўйини

настольная игра

ошиқ

кубик

поезд макети

модель железной дороги

сўрғич

соска

ўтириш

вечеринка

расмли китоб

книга с картинками

копток

мяч

қўғирчоқ

кукла

ўйнамоқ

играть

қумдон

песочница

арғимчоқ

качели

ўйинчоқлар

игрушка

ўйин приставкаси

игровая приставка

уч ғилдиракли велосипед

трёхколесный велосипед

бахмал айиқ

плюшевый медвежонок

кийим шкафи

шкаф для одежды

КИЙИМ

одежда

пайпоқ

носки

чулки

чулки

колготка

колготки

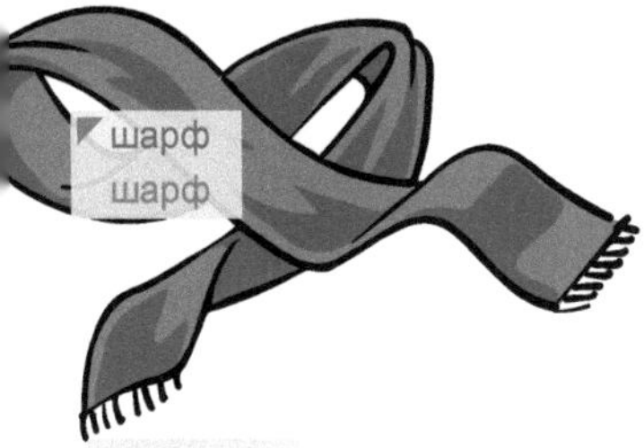

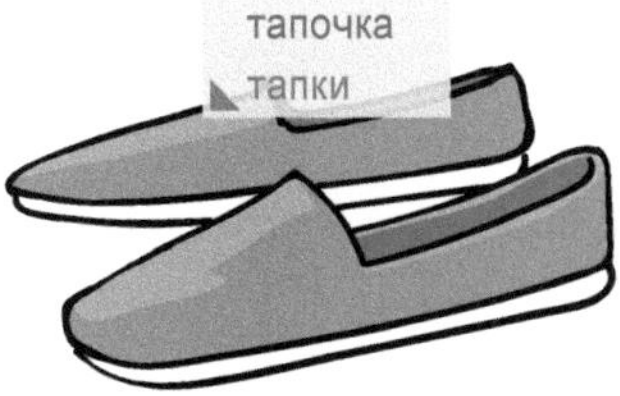

шарф
шарф

соябон
зонтик

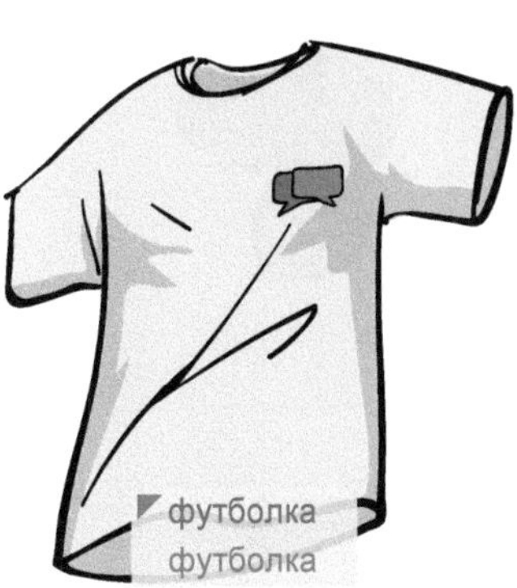

футболка
футболка

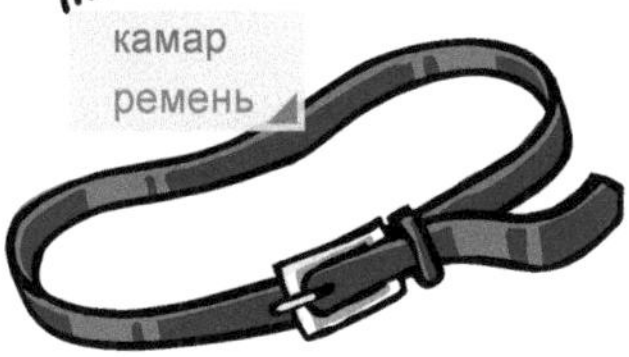

камар
ремень

ботинка
сапоги

тапочка
тапки

кроссовка
кроссовки

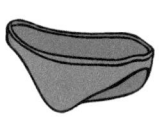

шиппак
....
сандалии

туфли
....
ботинки

резина этик
....
резиновые сапоги

тор турсик
....
трусы

кўкракпеч
....
бюстгальтер

майка
....
майка

боди

боди

иштон

брюки

жинси

джинсы

юбка

юбка

кофта

блузка

кўйлак

рубашка

жемпер

свитер

узун чакмон

свитер

спорт бичимидаги пиджак

спортивная куртка

куртка

жакет

пальто

пальто

плаш

плащ

либос

костюм

кўйлак

платье

келин кўйлак

свадебное платье

кийим - одежда

костюм шим

мужской костюм

тунги кўйлак

ночная сорочка

пижама

пижама

сари

сари

шолрўмол

платок

салла

тюрбан

паранжи

паранджа

чакмон

кафтан

абая

абайя

чўмилиш костюми

купальник

турсик

плавки

шортик

шорты

спорт костюми

спортивный костюм

фартук

фартук

қўлқоп

перчатки

тугма

пуговица

кўзойнак

очки

билагузук

браслет

мунчоқ

цепочка

узук

кольцо

сирға

серьга

кепка

шапка

пальто илгак

вешалка

шляпа

шляпа

бўйинбоғ

галстук

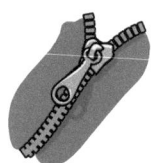

замок

застежка молния

дубулға

шлем

шим тортгич

подтяжки

мактаб формаси

школьная форма

форма

форма

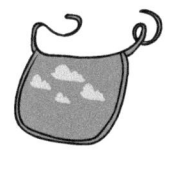

ошхўрак

детский нагрудник

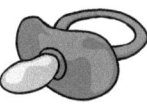

сўрғич

соска

таглик

подгузник

идора

офис

сервер
сервер
қоғоз-ҳужжатлар шкафи
канцелярский шкаф
принтер
принтер
қоғоз
бумага
экран
монитор
сичқонча
мышь
иш столи
письменный стол
папка
папка
клавиатура
клавиатура
урна
корзина для бумаг
компьютер
компьютер
стул
стул

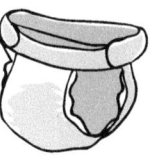

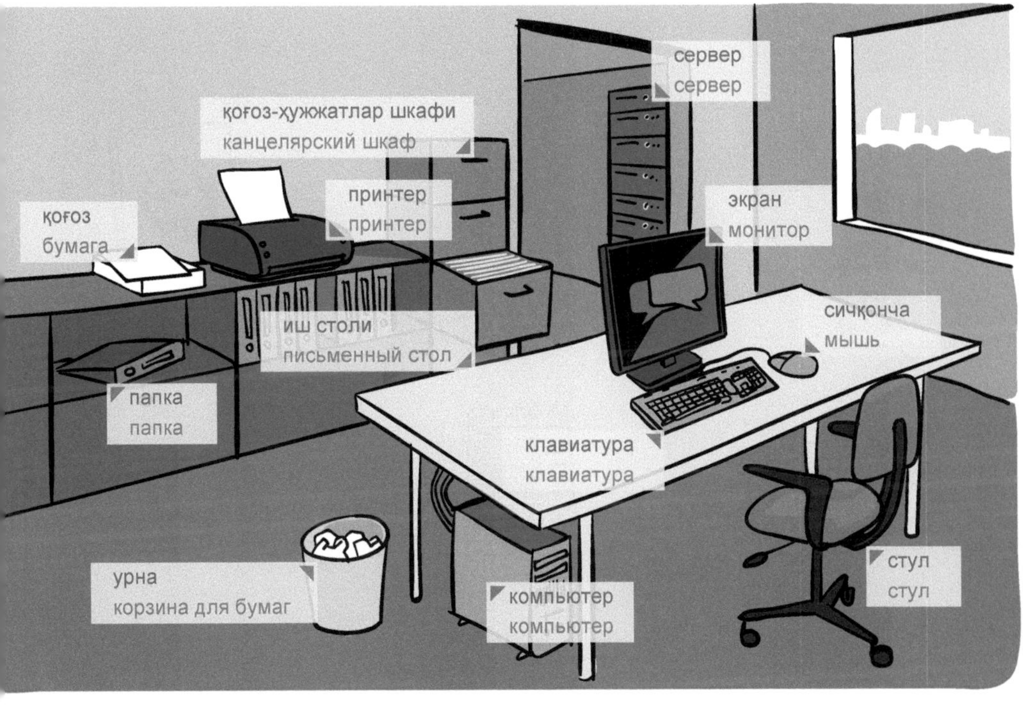

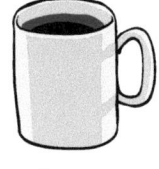

кофе кружкаси

кофейная кружка

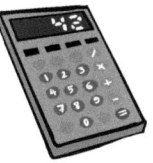

калькулятор

калькулятор

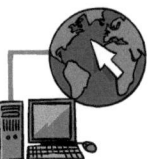

интернет

интернет

ноутбук

ноутбук

хат

письмо

мактуб

сообщение

уяли телефон

мобильный телефон

тармоқ

сеть

нусха кўчиргич

ксерокс

дастур

программа

телефон

телефон

розетка

розетка

факс

факс

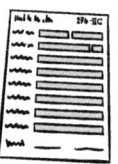

шакллар

формуляр

ҳужжат

документ

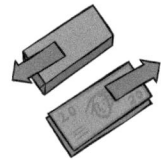

харид қилмоқ

покупать

тўламоқ

платить

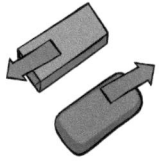

савдолашмоқ

торговать

пул

деньги

доллар

доллар

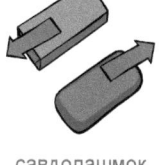

евро

евро

йен

иена

рубль

рубль

швейцар франки

франк

Кэньминьби хитой юани

жэньминьби юань

рупи

рупия

банкомат

банкомат

пул айирбошлаш
шаҳобчаси
пункт обмена валюты

олтин

золото

кумуш

серебро

нефт

нефть

энергия

энергия

нарх

цена

шартнома

договор

солиқ

налог

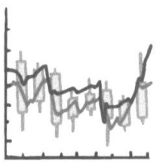

акция

акция

ишламоқ

работать

ишчи

служащий

иш берувчи

работодатель

завод

фабрика

дўкон

магазин

касблар
профессии

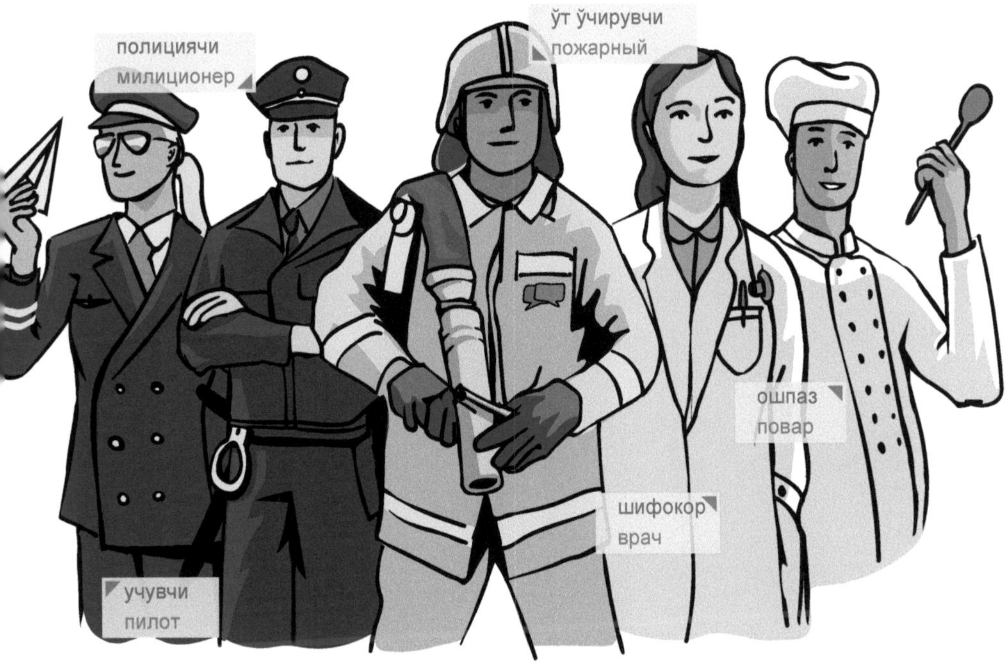
ўт ўчирувчи
пожарный
полициячи
милиционер
ошпаз
повар
шифокор
врач
учувчи
пилот

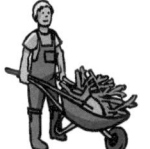

боғбон

садовник

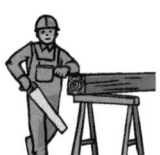

дурадгор

столяр

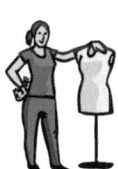

тикувчи

швея

ҳакам

судья

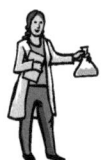

кимёгар

химик

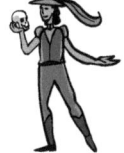

актёр

актёр

автобус ҳайдовчиси

водитель автобуса

такси ҳайдовчи

таксист

балиқчи

рыбак

фаррош

уборщица

том устаси

кровельщик

официант

официант

овчи

охотник

бўёқчи

художник

нонвой

пекарь

электр устаси

электрик

қурувчи

строитель

муҳандис

инженер

қассоб

мясник

сувчи чилангар

сантехник

почтачи

почтальон

аскар
солдат

меъмор
архитектор

ғазначи
кассир

гулчи
флорист

сартарош
парикмахер

чиптачи
кондуктор

механик
механик

капитан
капитан

тиш шифокори
зубной врач

олим
ученый

яхудийлар руҳонийси
раввин

имом
имам

роҳиб
монах

руҳоний
священник

асбоблар
инструменты

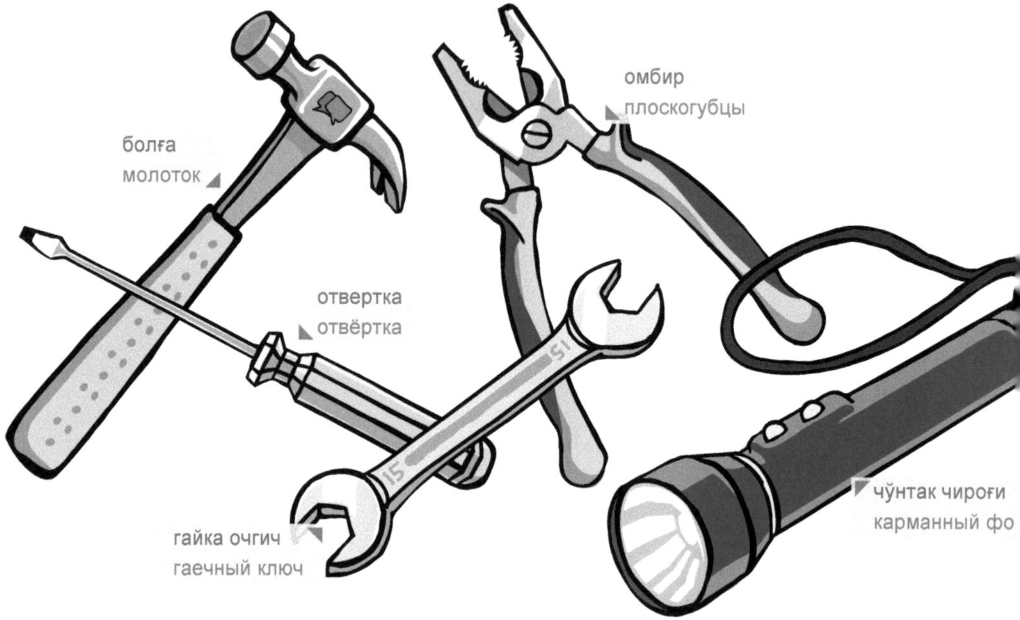

болға
молоток

омбир
плоскогубцы

отвертка
отвёртка

гайка очгич
гаечный ключ

чўнтак чироғи
карманный фо

экскаватор
экскаватор

асбоблар қутиси
ящик для инструментов

нарвон
стремянка

кўларра
пила

мих
гвозди

пармадаста
дрель

тузатмоқ

ремонтировать

белкурак

лопата

Жин урсин!

Блин!

хокандоз

совок

бўёқ идиш

ведро с краской

бурама мих

винты

мусиқа асбоблари
музыкальные инструменты

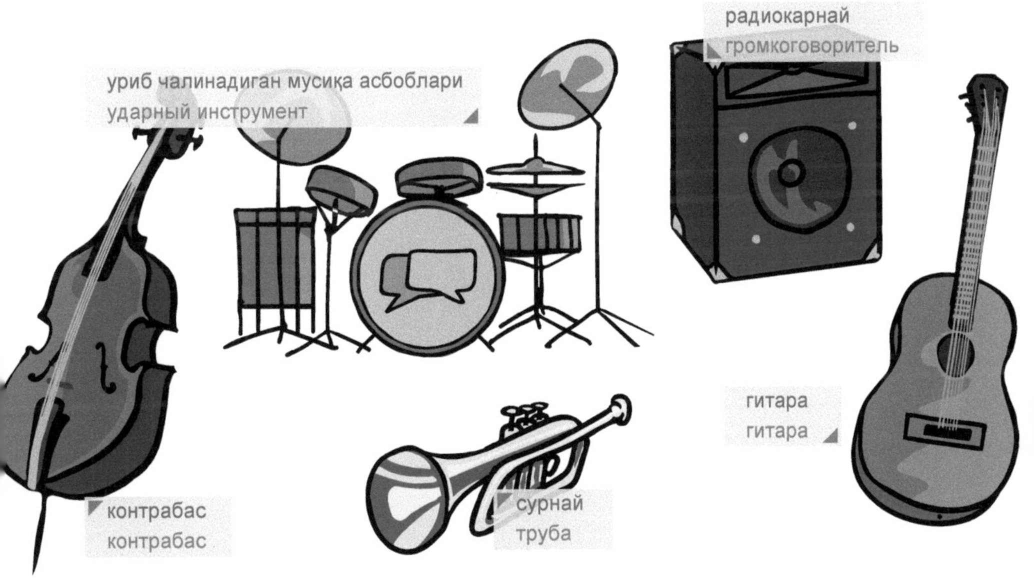

радиокарнай
громкоговоритель

уриб чалинадиган мусиқа асбоблари
ударный инструмент

гитара
гитара

контрабас
контрабас

сурнай
труба

пианино

пианино

ғижжак

скрипка

бас-гитара

бас-гитара

қўшноғора

литавры

дўмбира

барабан

клавиатура

синтезатор

саксофон

саксофон

най

флейта

микрофон

микрофон

ҳайвонот боғи

зоопарк

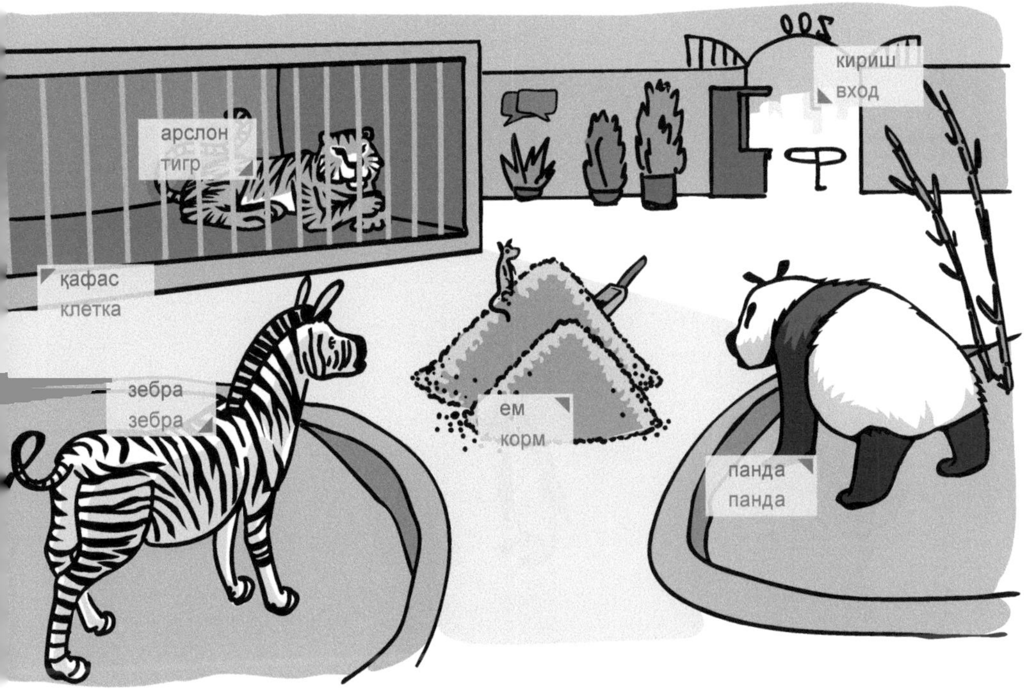

zoo
кириш
вход
арслон
тигр
қафас
клетка
зебра
зебра
ем
корм
панда
панда

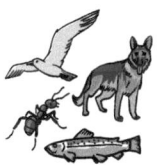

ҳайвонлар
животные

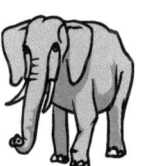

фил
слон

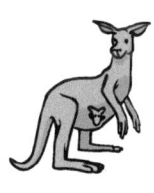

кенгуру
кенгуру

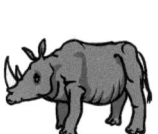

каркидон
носорог

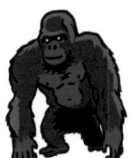

горилла
горилла

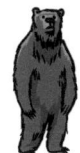

айиқ
медведь

туя

верблюд

туяқуш

страус

шер

лев

маймун

обезьяна

фламинго

фламинго

тўти

попугай

оқ айиқ

белый медведь

пингвин

пингвин

акула

акула

товус

павлин

илон

змея

тимсоҳ

крокодил

ҳайвонот боғи қоровули

служитель зоопарка

тюлень

тюлень

ягуар

ягуар

ҳайвонот боғи - зоопарк

тўпичоқ от

пони

қоплон

леопард

бегемот

бегемот

жирафа

жираф

бургут

орёл

эркак чўчқа

кабан

балиқ

рыба

тошбақа

черепаха

морж

морж

тулки

лиса

оҳу

газель

америка футболи
американский футбол

велосипед ҳайдаш
езда на велосипеде

теннис
теннис

баскетбол
баскетбол

сузиш
плавание

бокс
бокс

муз хоккейи
хоккей

футбол
футбол

бадминтон
бадминтон

енгил атлетика
лёгкая атлетика

кўлтўпи
гандбол

чанғи учиш
лыжный спорт

поло
поло

машғулот

действия

кулмоқ
смеяться
сакрамоқ
прыгать
қучмоқ
обнимать
юрмоқ
идти
куйламоқ
петь
ҳаёл қилмоқ
мечтать
ибодат қилмоқ
молиться
ўпмоқ
целовать

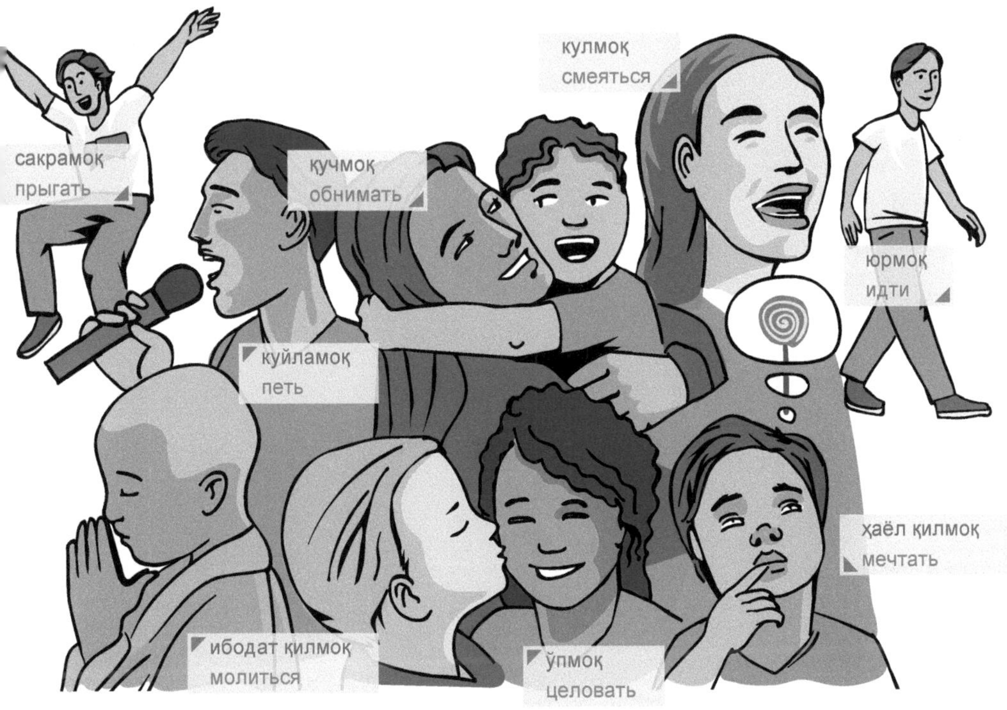

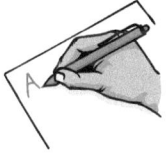

ёзмоқ

писать

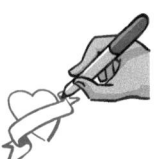

чизмоқ

рисовать

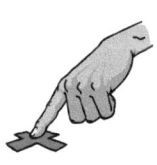

кўрсатмоқ

показывать

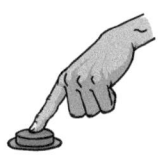

итармоқ

нажимать

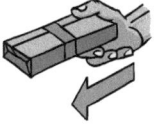

бермоқ

давать

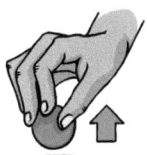

олмоқ

брать

эга бўлмоқ

иметь

бажармоқ

делать

бўлмоқ

быть

турмоқ

стоять

югурмоқ

бежать

тортмоқ

тянуть

улоқтирмоқ

бросать

йиқилмоқ

падать

алдамоқ

лежать

кутмоқ

ждать

ташимоқ

носить

ўтирмоқ

сидеть

кийинмоқ

надевать

ухламоқ

спать

уйғонмоқ

просыпаться

қарамоқ

рассматривать

йиғламоқ

плакать

зарба бермоқ

гладить

тарамоқ

причесывать

гаплашмоқ

говорить

тушунмоқ

понимать

сўрамоқ

спрашивать

тингламоқ

слушать

ичмоқ

пить

емоқ

кушать

йиғиштирмоқ

наводить порядок

севмоқ

любить

пиширмоқ

готовить

ҳайдамоқ

ехать

учмоқ

летать

кемада сузмоқ

ходить под парусом

ҳисобламоқ

считать

ўқимоқ

читать

ўрганмоқ

учиться

ишламоқ

работать

турмуш қурмоқ

вступать в брак

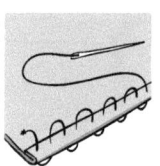

тикмоқ

шить

тиш ювмоқ

чистить зубы

ўлдирмоқ

убивать

чекмоқ

курить

йўлламоқ

отправлять

буви
бабушка

бува
дедушка

ота
папа

она
мама

чақалоқ
младенец

қиз
дочь

ўғил
сын

меҳмон

гость

амма

тетя

тоға

дядя

ака

брат

опа

сестра

тана

тело

пешона
лоб
кўз
глаз
юз
лицо
ияк
подбородок
кўкрак
грудь
бармоқ
палец
қўл панжалари
кисть
қўл
рука
елка
плечо
оёқ
нога

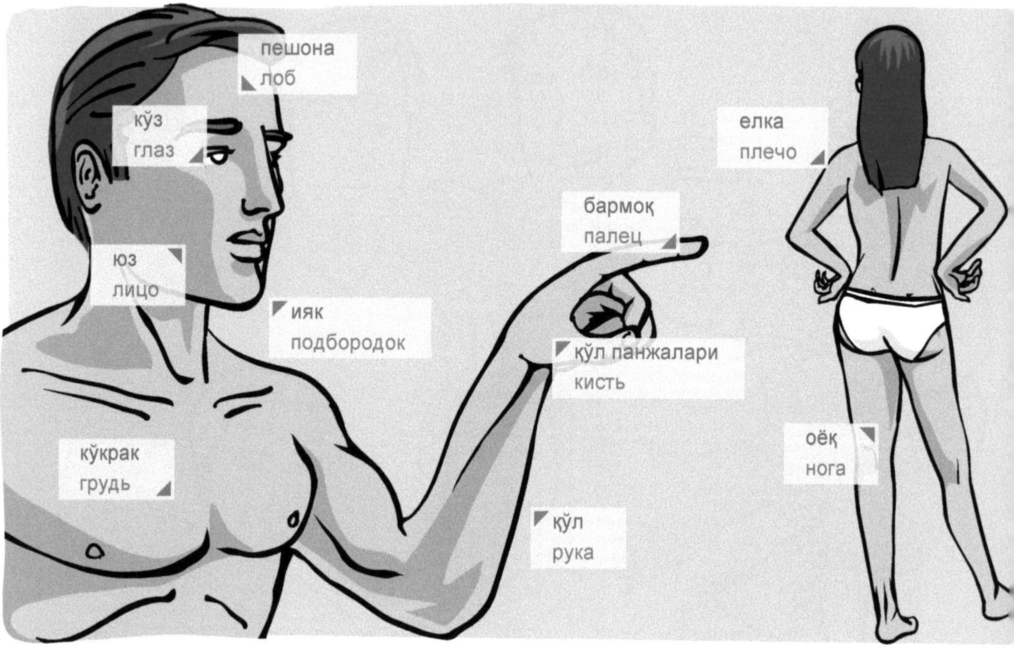

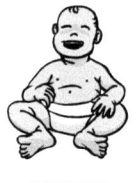

чақалоқ

младенец

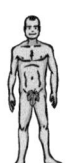

одам

мужчина

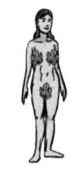

аёл

женщина

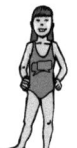

қиз бола

девочка

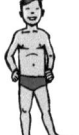

ўғил бола

мальчик

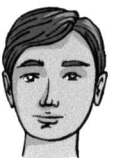

бош

голова

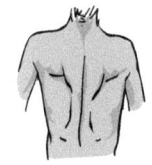

орқа
спина

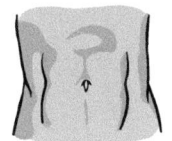

қорин
живот

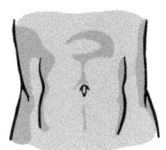

киндик
пупок

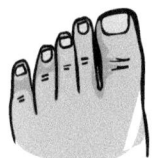

оёқ панжаси
палец ноги

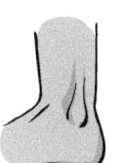

товон
пятка

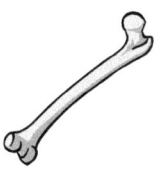

суяк
кость

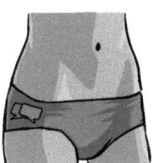

бел
бедро

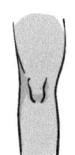

тизза
колено

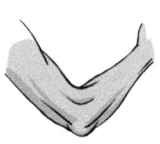

тирсак
локоть

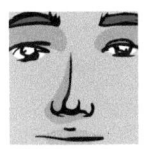

бурун
нос

думба
ягодицы

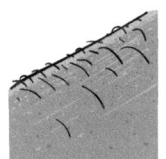

тери
кожа

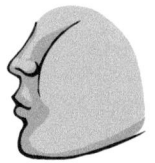

яноқ
щека

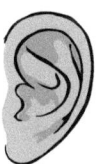

қулоқ
ухо

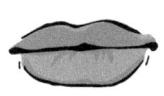

лаб
губа

оғиз

рот

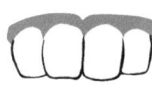

тиш

зуб

тил

язык

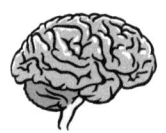

мия

мозг

юрак

сердце

мушак

мышца

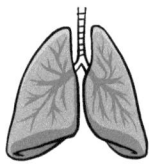

ўпка

лёгкое

жигар

печень

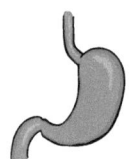

ошқозон

желудок

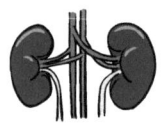

буйрак

почки

жинсий алоқа

половой акт

презерватив

презерватив

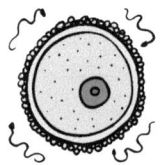

тухум ҳўжайра

яйцеклетка

уруғ

сперма

ҳомиладорлик

беременность

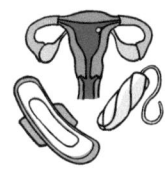

ҳайз
....
менструация

бачадон
....
вагина

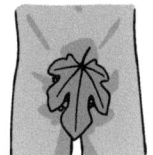

олат
....
пенис

қош
....
бровь

соч
....
волосы

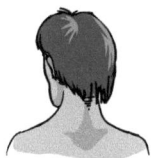

бўйин
....
шея

шифохона
больница

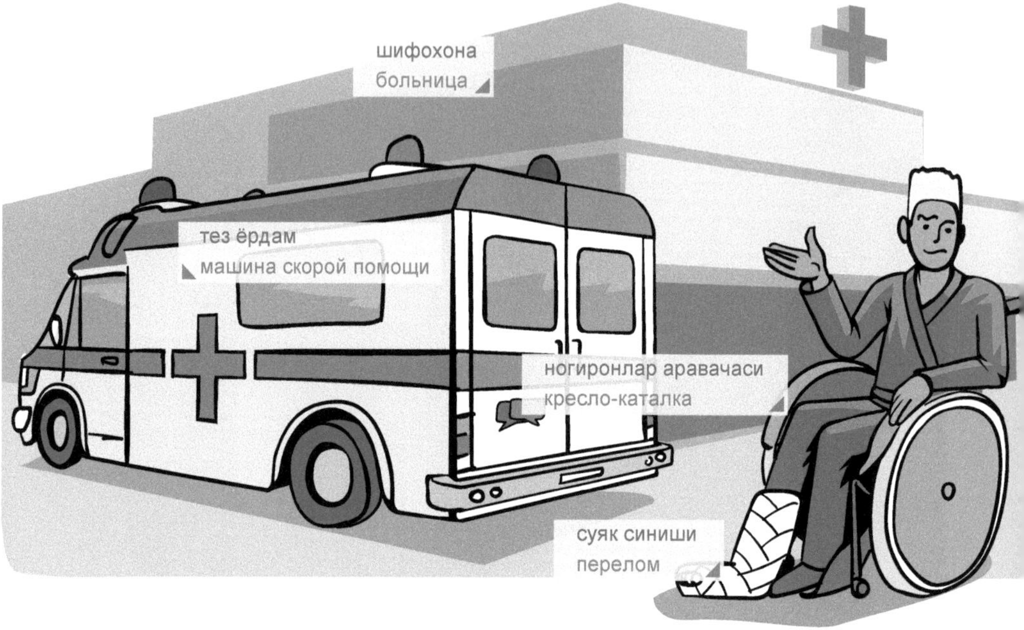

шифохона
больница
тез ёрдам
машина скорой помощи
ногиронлар аравачаси
кресло-каталка
суяк синиши
перелом

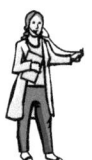

шифокор

врач

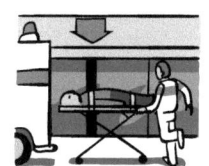

Шошилинч тиббий ёрдам кўрсатиш бўлими

пункт первой помощи

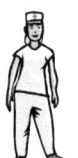

ҳамшира

медсестра

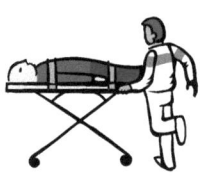

тез ёрдам

неотложный случай

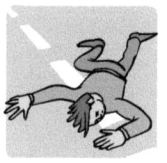

ҳушсизлик

без сознания

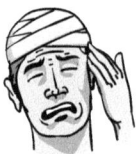

оғриқ

боль

жароҳат

повреждение

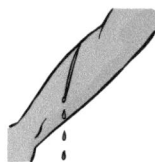

қонаш

кровотечение

юрак хуружи

инфаркт

инсульт

инсульт

аллергия

аллергия

йўтал

кашель

иситма

овышенная температура

тумов

грипп

ич кетиш

понос

бош оғриғи

головная боль

саратон касали

рак

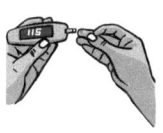

қандли диабет

диабет

жарроҳ

хирург

жарроҳ пичоғи

скальпель

жарроҳлик амалиёти

операция

шифохона - больница

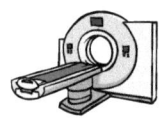

томография

КТ

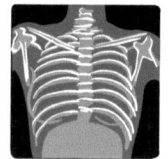

рентген

рентген

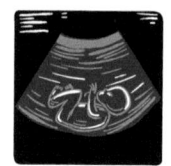

ултратовуш текшируви

ультразвук

юз ниқоби

маска

касаллик

болезнь

қабулхона

приёмная

қўлтиқтаёқ

костыль

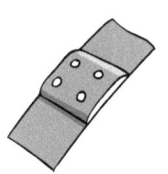

малҳамли пластир

пластырь

бинт

бинт

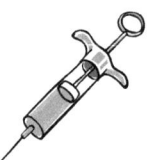

укол

укол

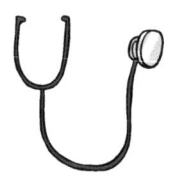

юрак урушини ва ўпкани
эшитиб кўрадиган асбоб

стетоскоп

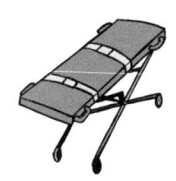

беморлар учун замбил

носилки

термометр

термометр

туғруқ

рождение

семизлик

избыточный вес

эшитиш мосламаси

слуховой аппарат

дезинфекцияловчи восита

дезинфекционное
средство

инфекция

инфекция

вирус

вирус

ОИВ / ОИТС

ВИЧ / СПИД

дори

лекарство

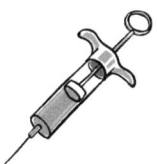

эмлаш

прививка

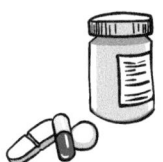

таблетка

таблетки

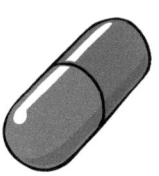

дори

противозачаточная
таблетка

тез ёрдам қўнғироғи

экстренный вызов

қон босимини ўлчаш
асбоби
прибор для измерения
кровяного давления

касал / соғлом

больной / здоровый

Ёрдам бер

инглар!

Помогите!

хавф-хатар ишораси

сигнал тревоги

тажовуз

нападение

ҳужум

атака

хавф

опасность

фавкулодда ҳолатларда
чиқиш эшиги

запасной выход

Ёнғин!

Пожар!

ўт ўчиргич

огнетушитель

фалокат

несчастный случай

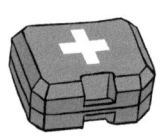

биринчи тиббий ёрдам
тўплами

аптечка

фалокат сигнали

SOS

полиция

милиция

Европа

Европа

Шимолий Америка

Северная Америка

Жанубий Америка

Южная Америка

Африка

Африка

Осиё

Азия

Австралия

Австралия

Атлантик океани

Атлантический океан

Тинч океани

Тихий океан

Ҳинд океани

Индийский океан

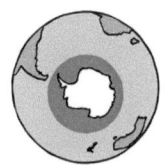

Антарктида океани

Антарктический океан

Арктика океани

Северный Ледовитый
океан

Шимолий қутб

Северный полюс

Жанубий кутб

Южный полюс

Антарктика

Антарктика

Ер

земля

ўлка

суша

денгиз

море

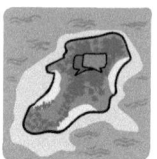

орол

остров

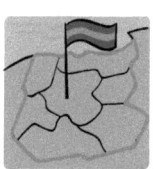

миллат

нация

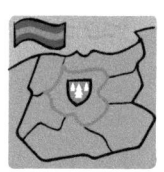

давлат

государство

астрономик вақт
кўрсатгичи

циферблат

соат мили

часовая стрелка

дақиқа мили

минутная стрелка

сония мили

секундная стрелка

Соат неча?

Который час?

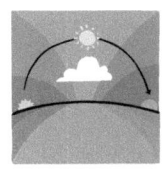

кун

день

вақт

время

ҳозир

сейчас

рақамли соат

электронные часы

дақиқа

минута

соат

час

Душанба
понедельник

Чоршанба
среда

Жума
пятница

Сешанба
вторник

Шанба
суббота

Пайшанба
четверг

Якшанба
воскресенье

кеча
вчера

бугун
сегодня

эртага
завтра

эрталаб
утро

пешин
полдень

кечкурун
вечер

иш кунлари
рабочие дни

дам олиш кунлари
выходные

йил

год

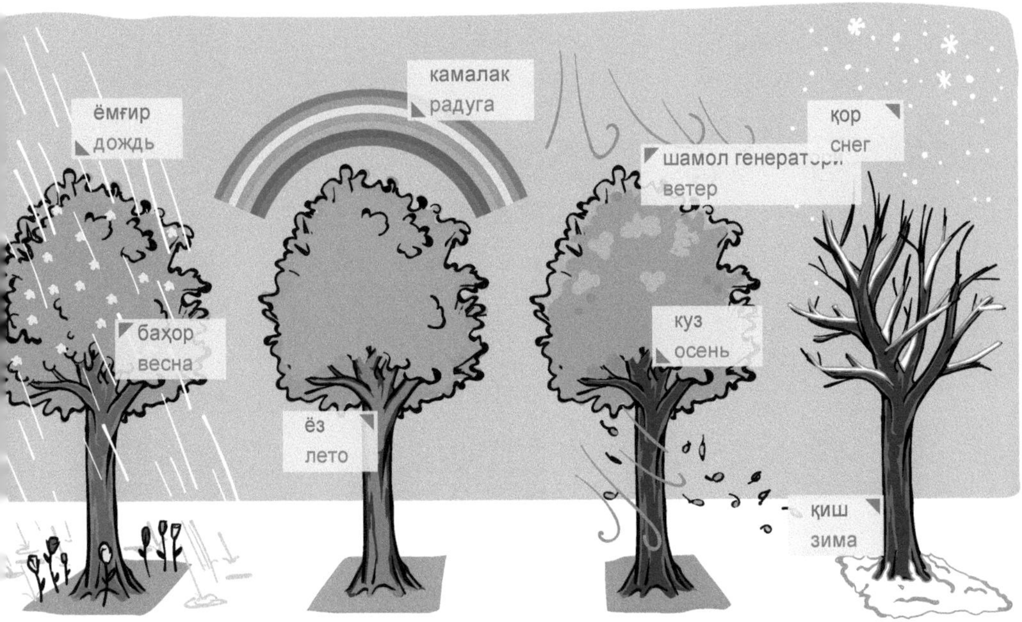

ёмғир
дождь
камалак
радуга
қор
снег
шамол генерат
ветер
баҳор
весна
куз
осень
ёз
лето
қиш
зима

4.APRIL 11°
5.APRIL 4°
6.APRIL 13°
7.APRIL 8°
8.APRIL 10°

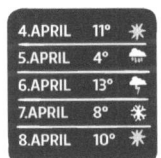

об-ҳаво маълумоти

прогноз погоды

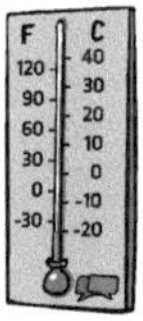

F C
120 40
90 30
60 20
30 10
0 0
-30 -10
-20

термометр

термометр

қуёшли

солнечный свет

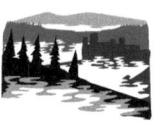

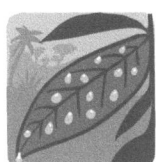

булут

туча

туман

туман

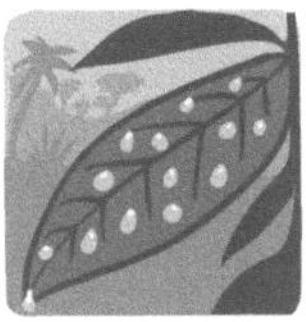

намгарчилик

влажность воздуха

чақмоқ

молния

момоқалдироқ

гром

бўрон

буря

дўл

град

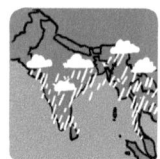

намгарчилик мавсуми

муссон

тошқин

наводнение

муз

лёд

Январь

январь

Февраль

февраль

Март

март

Апрель

апрель

Май

май

Июнь

июнь

Июль

июль

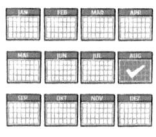

Август

август

йил - год

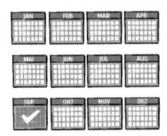

Сентябрь

сентябрь

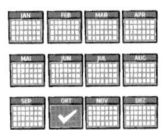

Октябрь

октябрь

Ноябрь

ноябрь

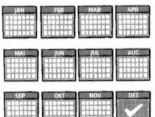

Декабрь

декабрь

шакллар
формы

айлана

круг

квадрат

квадрат

тўртбурчак

прямоугольник

учбурчак

треугольник

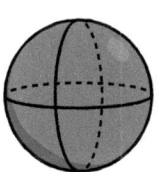

доира

шар

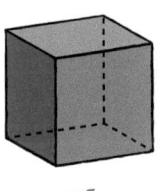

куб

куб

оқ

белый

сариқ

желтый

сабзи ранг

оранжевый

пушти

розовый

қизил

красный

тўқ қизил

лиловый

кўк

синий

яшил

зелёный

жигар ранг

коричневый

кул ранг

серый

қора

черный

кўп / оз

много / мало

ғазабли / хотиржам

яростный / мирный

гўзал / хунук

красивый / уродливый

боши / охири

начало / конец

катта / кичик

большой / маленький

ёруғ / қоронғу

светлый / темный

ака / сингил

брат / сестра

тоза / ифлос

чистый / грязный

тўлиқ / чала

полный / неполный

кун / тун

день / ночь

ўлик / тирик

мёртвый / живой

кенг / тор

широкий / узкий

еса бўладиган / еса
бўлмайдиган

съедобный / несъедобный

ёвуз / хайрли

злой / дружелюбный

ҳаяжонли / зерикарли

взволнованный /
скучающий

семиз / озғин

толстый / худой

биринчи / охирги

сначала / в конце

дўст / душман

друг / враг

тўла / бўш

полный / пустой

қаттиқ / юмшоқ

твёрдый / мягкий

оғир / енгил

тяжёлый / легкий

очлик / чанқов

голод / жажда

касал / соғлом

больной / здоровый

ноқонуний / қонуний

незаконный / законный

зиёли / калтафаҳм

умный / глупый

чап / ўнг

слева / справа

яқин / узоқ

близко / далеко

янги / ишлатилган

новый / подержанный

ҳеч нарса / бир нарса

ничто / нечто

қари / ёш

старый / молодой

ёниқ / ўчиқ

включено / выключено

очиқ / ёпиқ

открыто / закрыто

паст / баланд

тихо / громко

бой / камбағал

богатый / бедный

тўғри / нотўғри

правильный /
неправильный

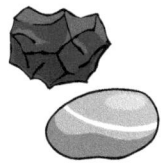

нотекис / текис

шероховатый / гладкий

хафа / хурсанд

печальный / счастливый

қисқа / узун

короткий / длинный

секин / тез

медленный / быстрый

нам / қуруқ

мокрый / сухой

илиқ / салқин

тёплый / прохладный

уруш / тинчлик

война / мир

0	**1**	**2**
ноль	бир	икки
ноль	один	два

3	**4**	**5**
уч	тўрт	беш
три	четыре	пять

6	**7**	**8**
олти	етти	саккиз
шесть	семь	восемь

9	**10**	**11**
тўққиз	ўн	ўн бир
девять	десять	одиннадцать

12

ўн икки

двенадцать

13

ўн уч

тринадцать

14

ўн тўрт

четырнадцать

15

ўн беш

пятнадцать

16

ўн олти

шестнадцать

17

ўн етти

семнадцать

18

ўн саккиз

восемнадцать

19

ўн тўққиз

девятнадцать

20

йигирма

двадцать

100

юз

сто

1.000

минг

тысяча

1.000.000

миллион

миллион

рақамлар - цифры

Инглиз

английский

Америкача инглиз тили

американский английский

Хитой тилининг Мандарин лаҳчаси

мандаринский китайский

Ҳинд

хинди

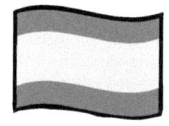

Испан

испанский

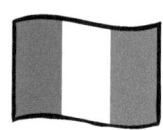

Француз

французский

Араб

арабский

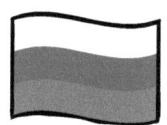

Рус

русский

Португал

португальский

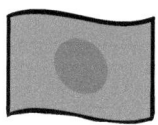

Бенгал

бенгальский

Немис

немецкий

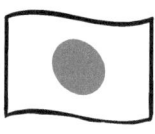

Япон

японский

Мен

я

Сен

ты

у / у / у

он / она / оно

биз

мы

сизлар

вы

улар

они

ким?

кто?

нима?

что?

қандай?

как?

қаерда?

где?

қачон?

когда?

исм

имя

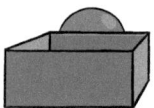

орқада

за

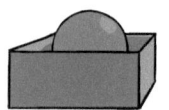

ичида

в

олдида

перед

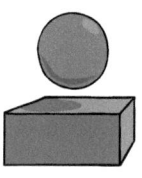

узра

над

устида

на

тагида

под

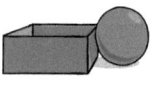

ёнида

рядом

ўртасида

между

жой

место